IKENOBO



# 生花・立花
# もみじノート

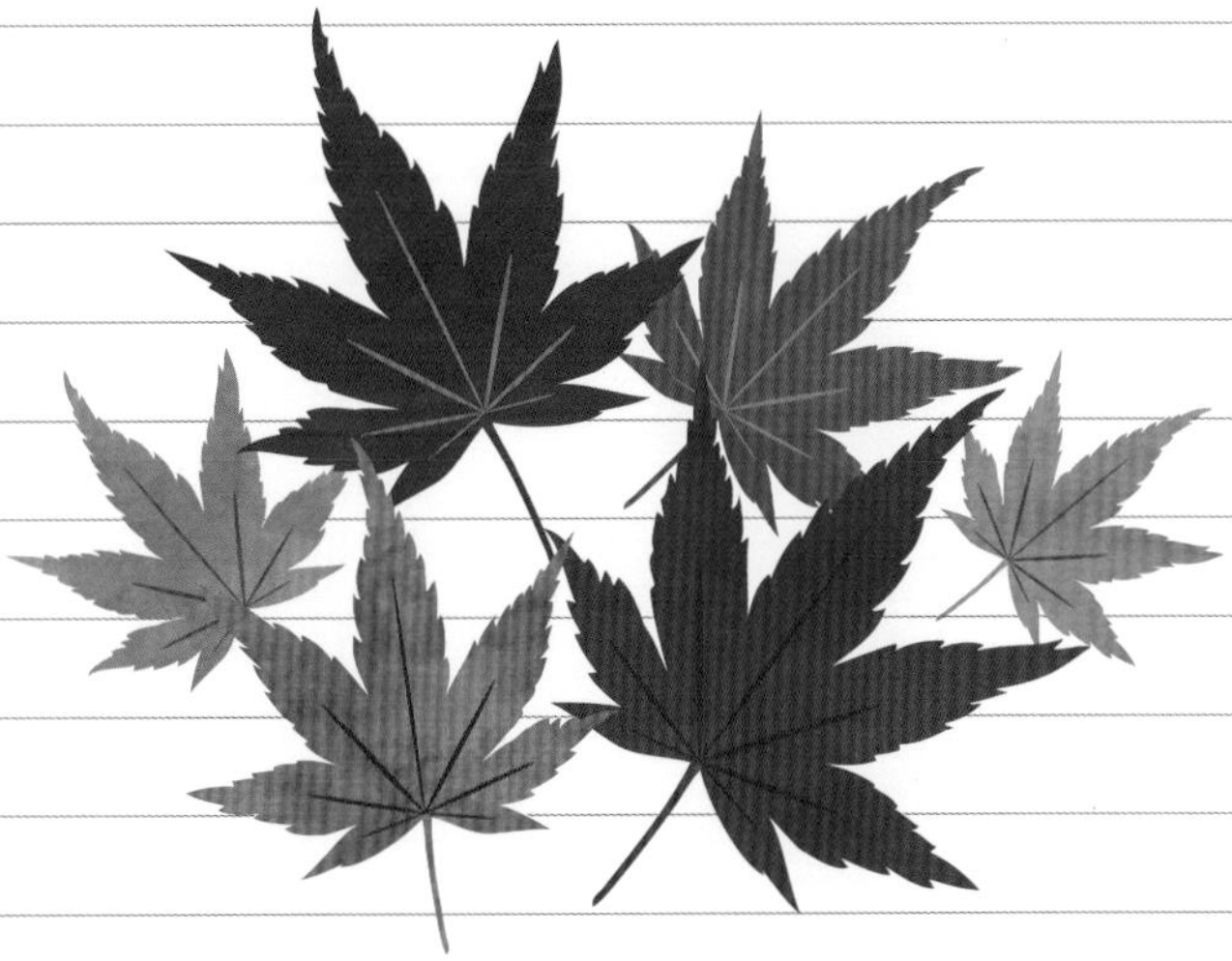

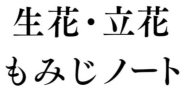

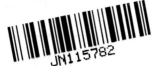

# もくじ

## 生花 紅葉

五ヶ條　生花 紅葉 …… 4
各種作例 …… 5
参考資料 …… 13

## 立花 紅葉

立華十九ヶ條　紅葉一色の事 …… 22
「紅葉一色」作例 …… 23
参考資料 …… 30

紅葉のはなし …… 39

作例協力

柴田　英雄　特命教授
瀬島　弘秀　特命教授
松永　滋　特命教授
東　勝行　特命教授
三浦　友馨　特命教授
中村　福宏　教授
森部　隆　教授
小林　春荘　教授
井口　寒来　教授

# 生花

# 五ヶ條　生花　紅葉

紅葉《もみじ》の伝については、『初伝』の「五ヶ條」に記されています。

秋に色づく植物には、ななかまど、いちょう、どうだんつつじなどがあり、これら色の変化する木々を紅葉と総称しますが、特にかえでの類いが美しいことから、これを紅葉の代表格とし、いけばなではそのいけ方を伝花で伝えています。

また、かえでにも、イロハモミジ、オオモミジ、ヤマモミジなどがあり、いずれも鮮やかな色の変化を見せますが、一般に紅葉といえば、イロハモミジを指します。

伝書では、桜同様にいけることが記されており、一本のかえでの木の性状を見せるのではなく、錦秋の様子を思わせる全山の風景をいけ表します。

秋の山は標高の高い方から気温が下がるため、山頂から赤く染まっていきます。そこで、伝書の紅葉も上段には赤い葉を、中段・下段には黄色い葉、青い葉を用い、色の変化を見せることになっています。さらに、紅葉は日当たりの良い方が早く色づき、日の当たらない方に青葉が残るため、陽方、陰方でも色の変化をつけます。

伝書の紅葉では曝木を一本入れます。また、大きな花器を用いた場合は二本入れても良いとされています。

紅葉はその色の美しさを花に見立てて賞翫するもので、特別に当季の花を取り合わせなくても良いのですが、紅葉の赤を際立てる花材として、白椿だけは根〆に用いることが認められています。

桜の花見、紅葉狩りは、四季を楽しむ日本人に特別な感情を抱かせます。これを生花の型に捉えたいと思う気持ちが伝を生み、今日に伝えています。

生花「五ヶ條」は、このような特別な意識でいける生花の伝が収録されているのが特徴で、他の「松竹梅」「三船」「実物・葉物・蔓物」も、草木の出生をいけ表す内容というより、それぞれの持つ花形への意識について述べられています。

## 生花 紅葉（本勝手）

【花材】かえで

生花 紅葉に用いる花器は、伝花 桜同様に花材が大ぶりになるため、手のない大籠がよく合います。籠自体は軽く、副の枝が張り出すと倒れやすくなるので注意が必要です。

## 生花 紅葉（本勝手）

【花材】かえで

青葉、黄葉、紅葉を適所に配し、下段から上段への色の変化を美しく見せます。山の頂付近の空気は冷たく、下に行くほどに気温が高くなります。紅葉もそれにつれて色が変わる様子をいけ表します。

# 生花 紅葉（本勝手）

【花材】かえで

伝書には「此一瓶は花形やせざるやうに生べし」とあります。これは一山が紅葉し、にぎやかな様子を一瓶にいけ表すための心得です。一瓶が大きい伝花 紅葉は、葉が少ないと、頼りなく見えてしまいます。

# 生花 紅葉（逆勝手）

【花材】かえで

生花 紅葉には曝木を用います。通常は一本をいけ交えますが、大瓶の場合は二本入れてもよいとされています。ただし、水際にあらわに見えることは嫌います。

# 生花 紅葉（本勝手）

【花材】かえで

自然出生の様子を見せるための技法として、陽方に散り残りの一本を入れること、また葉裏を少し見せることが伝書には記されています。色は違えど、同じ調子で葉が続かないようにする知恵といえます。

## 生花 紅葉（本勝手）

【花材】かえで

紅葉は、乾燥して葉が巻いてしまうことがあります。そのため、伝書ではわざわざ「附たり」と注意書きを入れ、伐採後は切り口を濡れた紙で包み、風に当てないように花箱に入れて持ち帰り、よく水揚げしてからいけるよう記しています。

# 生花 紅葉（本勝手）

【花材】かえで

生花は、花のないものに当季の花物を根〆とすることが定法ですが、伝花 紅葉は葉の美しさを賞美するものとして、一種生にしてもよいとされています。もし、根〆を入れる場合は、紅葉の色を際立たせる白椿を取り合わせます。

## 二種生（本勝手）

【花材】かえで　ききょう

紅葉は、青紅葉と呼ばれる、青々としている季節も美しいものです。しかし、赤くなる前は通常の花材として扱い、花のない枝物として必ず根〆を入れなければなりません。

## 《参考資料》

# 『百花式』

文化元年（一八〇四）刊

池坊専養以来の歴代と門弟の生花百図を収めた、池坊専定撰による図集。当時の生花は真副体の形を持つものもあれば、奔放な草木の姿を生かすものもあり、少ない花材でより多くの表現を試みているのが特徴です。ここに収められた紅葉の一瓶は、葉数少なく、花器に対しても小ぶりにいけられています。

## 《参考資料》

# 『後百花式』

### 文化五年（一八〇八）刊

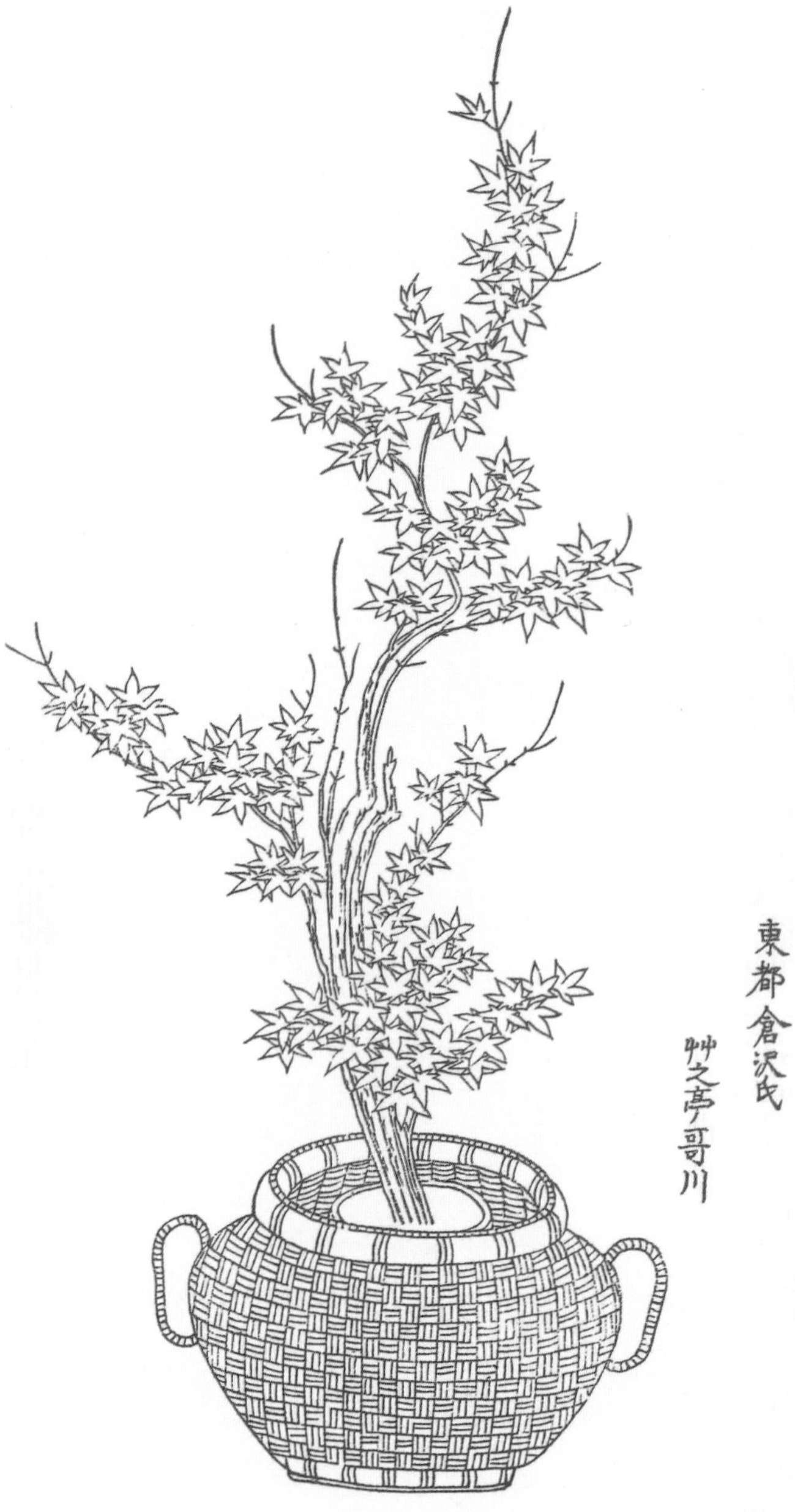


『百花式』の続編として刊行された生花図集。『後百花式』の紅葉は、『百花式』の作品と比べて幾分か縦の比率が高くなっています。真の幹の曲がりが印象的で、これに沿って入れられたあしらいの枝に緻密な意図が感じられます。副の横への張り出しは控えめで、立ち伸びる成長感がよく現れています。

## 《参考資料》

# 『挿花百規』

文政三年（一八二〇）刊

池坊専定撰による、当時最高の生花図集として刊行。今日の生花の礎ともなっています。絵図は、『挿花百規』に二図収められている紅葉のうちの一つ。よく見ると、真と副が一本の幹とその付き枝で構成されており、専定の花材を見る目の確かさがうかがえます。

## 《参考資料》

『挿花百規』に収録されたもう一つの紅葉です。副の張り出しが大きく、細い枝ながらも葉の量感がそれを補い、バランスを保っています。紙本墨刷に彩色を施したものですが、青葉や黄葉は交えられていません。

## 《参考資料》

# 『専明挿華集』

明治三十年（一八九七）刊

四十一世池坊専明がいけた生花図をまとめ、池坊専正が明治三十年に刊行した図集。収録されている紅葉の生花は大籠にいけられており、中段中央の先鋭な曝木に緊張感があります。

## 《参考資料》

# 『華道家元華かゝみ花心粧の巻』

明治三十七年（一九〇四）刊

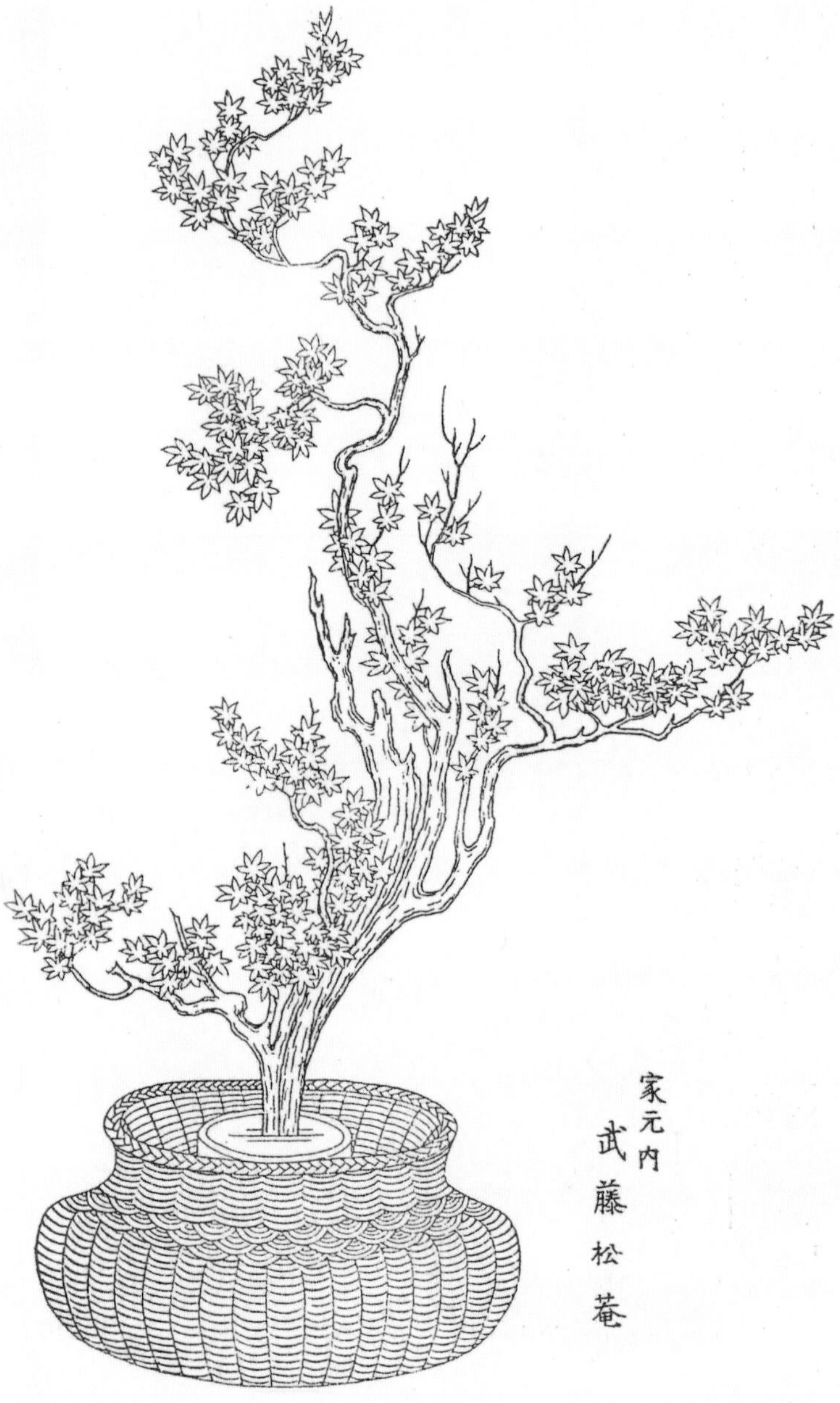


家元代見であった武藤松庵による立花と生花をまとめた作例集。真の先端は中墨から陽方に外れていますが、付き枝や幹の曲がりが陰方に働くことで、全体として均衡が保たれています。太い曝木が中段に見えることで、作品中央部に厚みが増し、どっしりとした印象を強めています。

## 《参考資料》

『池坊生花模範花形図譜』

昭和十一年（一九三六）刊

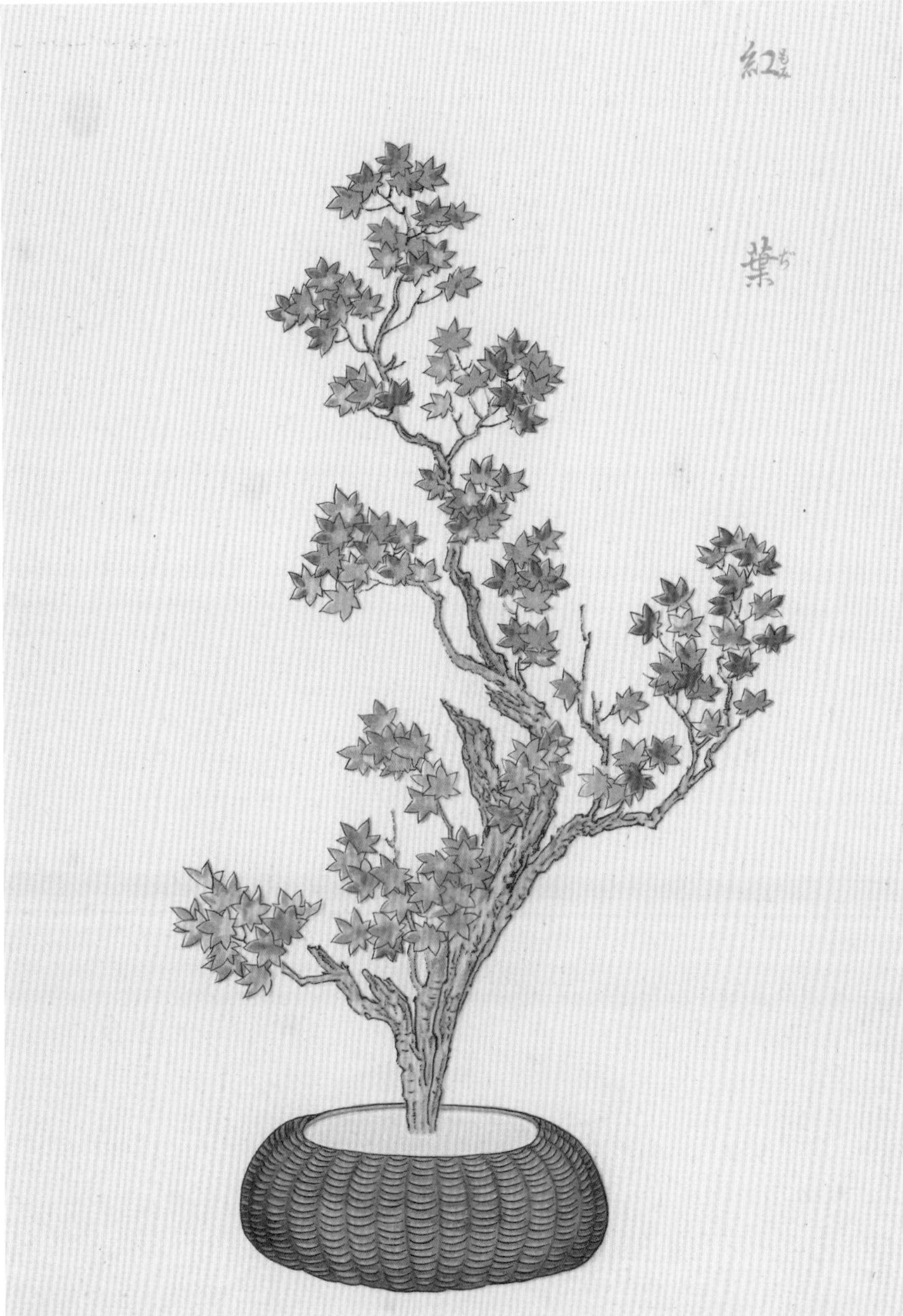


青葉が控えめに描かれており、古びた幹が落ち着いた雰囲気を感じさせます。花に勝るとも劣らぬ紅葉の鮮やかで美しいさまは、やはり特別な花材といえます。
花を用いずにいけてもよい花材は他に、せんりょう、芭蕉、万年青、稽古用のはらんがあります。

# 《参考資料》

紅葉に白玉椿の根〆を入れた作品。伝書には、根〆に用いてもよい花材としてただ一つ、白椿を挙げています。これは、紅葉の鮮やかさを引き立てるためで、他の花材は認められていません。伝花 紅葉は副の枝を横に張り出すことが多く、副の出所も少し低めですが、根〆を入れるこの作品は、副の出所が従来の位置となっています。

# 立花

# 立華十九ヶ條　紅葉一色の事

「紅葉一色」は、『立華十九ヶ條』に収められている七一色の一つです。

真に色の濃いもの、下段の方に青葉、黄葉を入れるのは生花と同様です。また伝書には、苔木は用いず曝木を用いることが記されています。なお、その用い方については、真と胴に添え、全体で三カ所までとしています。

伝書には、紅葉一色で取り合わせる花材として、松、いぶき、ひのき、つげ、白がし、白菊、水仙、白椿を挙げており、これはいずれも紅葉の色を引き立てるものです。

二代専好の教えを記したという『臥雲華書』には、紅葉一色を

> 高雄山の躰、谷陰の躰、心を付けて立つべきなり

と記しています。高雄山は京都市の北西に位置し、古くから紅葉の名所として知られています。また、

> 紅葉の一色には、青磁の花瓶ことに吉し。紅葉の色増し候なり。紅葉は、笠作る物なり。方方に立て候に、笠の心持ち専一なり。横へはびこり、平に笠作る躰に立つべし。

などの記載があり、紅葉の色や姿を生かすための心得が示されています。

なお、伝書の冒頭には「砂物にも指」とあり、『臥雲華書』にも

> この一色は、砂の物よく取り合はせ、立華より勝り候なり。

と、通常の立花よりも砂之物の方が向いているとしています。

現在、紅葉と桜の一色は七一色に数えられますが、かつては松、燕子花、蓮、菊、水仙を五一色とし、これとは別に紅葉と桜が伝えられていました。享保九年（一七二四）に成る『立花拾穂鈔』では、桜と紅葉を「春秋二季の花」と呼び、桜一色を「桜花」、紅葉一色を「皆紅葉」といって一色物と区別しています。

## 紅葉一色（本勝手）

【花材】かえで　松　曝木　つげ　山しだ　椿

一枝の中にも色の移りが美しい紅葉を用いることで、多様な感情をいけ表すことができます。太い幹の見せる表情と、曝木の見せる表情の違いをよく捉えて一瓶をまとめるようにします。

## 紅葉一色（逆勝手）

【花材】かえで　松　椿　曝木

役枝すべてを紅葉とその曝木で構成した作品。青葉、黄葉、紅葉を使い分け、下段から上段へと色の変化をつけることで、錦秋の山の様子を見せています。

## 紅葉一色（本勝手）

【花材】かえで　松　曝木　椿　つげ

伝統ある一色物には、古典作品のイメージがありますが、役枝に強弱をつけ、今日的な感覚で立てても、紅葉の持つ美しさが損なわれることはありません。

## 紅葉一色（逆勝手）

【花材】かえで　椿

他の花材を極力用いず、椿をわずかに見せた紅葉一色。請上り内見越とし、近景から遠景に至るまで、紅葉に彩られた山々を見るようです。

## 紅葉一色（本勝手）

【花材】かえで　松　つげ　椿　曝木

『立花十九ヶ條』内の伝を二つ同時に行うことは、通常ならば“伝重ね”として避けます。これは見どころが重なることを防ぐための知恵ですが、「左流枝」については、構成上の対処として古くから他の伝と同時に行われています。

## 紅葉一色／砂之物（逆勝手）

【花材】かえで　松　曝木　いぶき　つげ　椿　山しだ　ほととぎす

伝書には「砂物にも指」とあります。二株で立てる場合、一色物としての統一感を出しながら、男株と女株で変化をつけなければなりません。

## 紅葉一色／砂之物（本勝手）

【花材】かえで　曝木

『臥雲華書』には「紅葉は、笠作る物なり。（中略）横へはびこり、平に笠作る躰に立つべし」とあります。横広がりの砂之物は、雄大な紅葉の山を表現するのに適した花形といえます。

## 《参考資料》

# 『立花之次第九拾三瓶有』

江戸時代前期

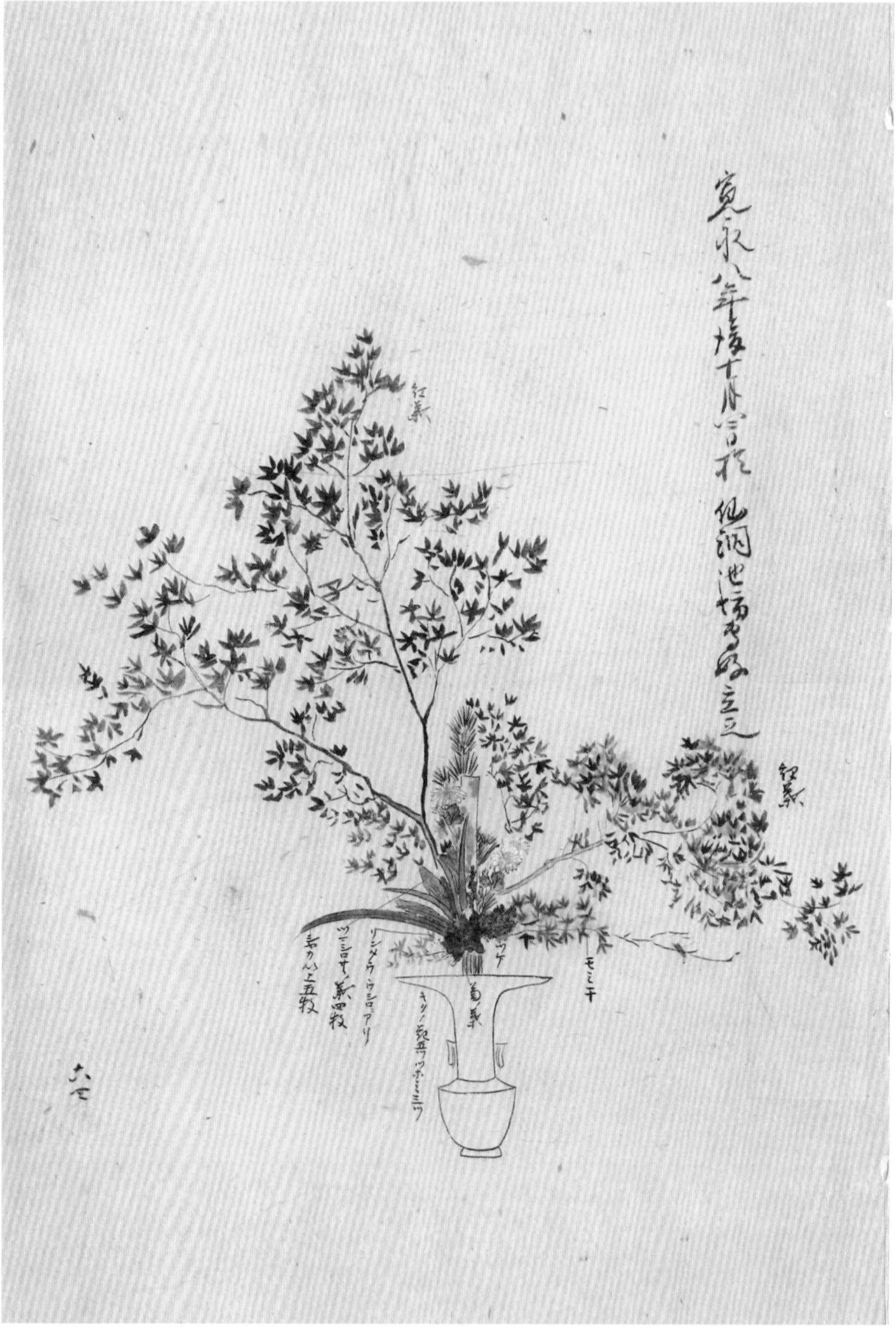

宮中で活躍した池坊専好（二代）の立花図集。第六十四図は紅葉を各所に用いた一瓶。絵図の紅葉は墨色で、わずかに赤い彩色が施されています。寛永八年（一六三一）後（閏）十月四日、仙洞において立てられた作品。

## 専好立花

【花材】かえで　松　しゃが　つげ　椿　菊　りんどう　くま笹

『立花之次第九拾三瓶有』第六十四図（前ページ）を参考とした作品。
紅葉の枝ぶりを生かし、無理に形を作らず、自然の姿に任せて立てられています。

## 《参考資料》

『立花図 并砂物』

寛文十三年（一六七三）刊

池坊専好（二代）の高弟、高田安立坊周玉の紅葉一色。青葉、紅葉、さらに茶色がかった葉が上下左右にバランスよく使われ、隣り合う役枝ごとに異なる色彩になるよう配慮されています。

《参考資料》

# 大住院『立花砂物図』

延宝六年（一六七八）刊

大住院以信は、もと池坊の高弟。池坊専好（二代）遷化後、作風や考え方の違いから独立しました。紅葉と白菊の対比に主眼が置かれ、紅葉の色鮮やかさを引き立てています。真の枝の一部が大きく陰方に働く姿が目を引きます。

## 《参考資料》

# 『立華《りっか》時勢粧《いまようすがた》』

貞享五年（一六八八）刊

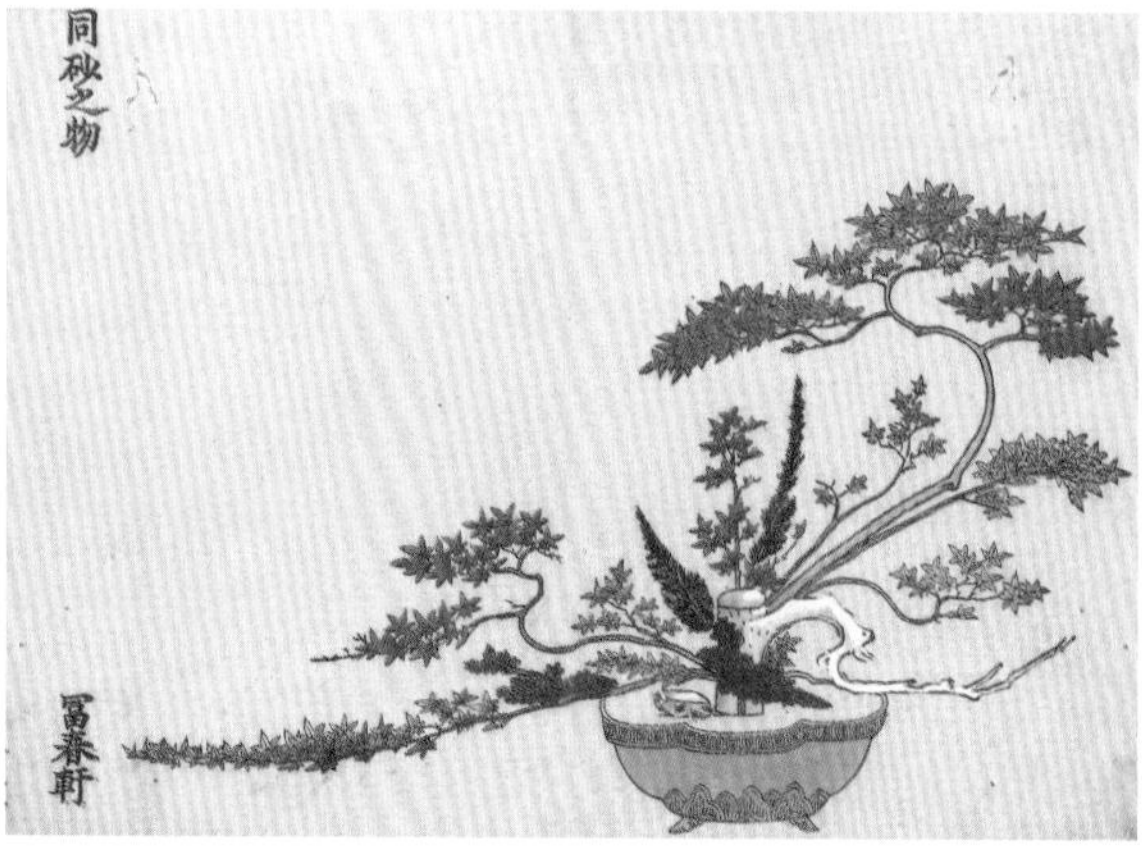


著者とされる冨春軒仙渓は専慶流、桑原専慶流の流祖で、独自の作風を展開することで一派を成しました。『立華時勢粧』には真・行・砂之物の紅葉一色が掲載されています。

# 『撰新瓶花図彙』元禄十一年（一六九八）刊

## 《参考資料》

猪飼三枝による砂之物の紅葉一色。青葉、黄葉、紅葉を適所に配し、曝木で力強さを見せています。左右の広がりが雄大な風景を感じさせます。絵図では、花器内に砂は見えず、水が張られているようです。

## 《参考資料》

高田安立坊周玉の弟子、雲泰による二株砂之物の紅葉一色。三枝の作品とは異なり、紅葉の使用を控えながらも、他の草木との対比により、色鮮やかさを際立たせています。こちらも、砂鉢には水が張られています。

## 《参考絵図》

# 『専明瓶華集』 明治三十年（一八九七）刊

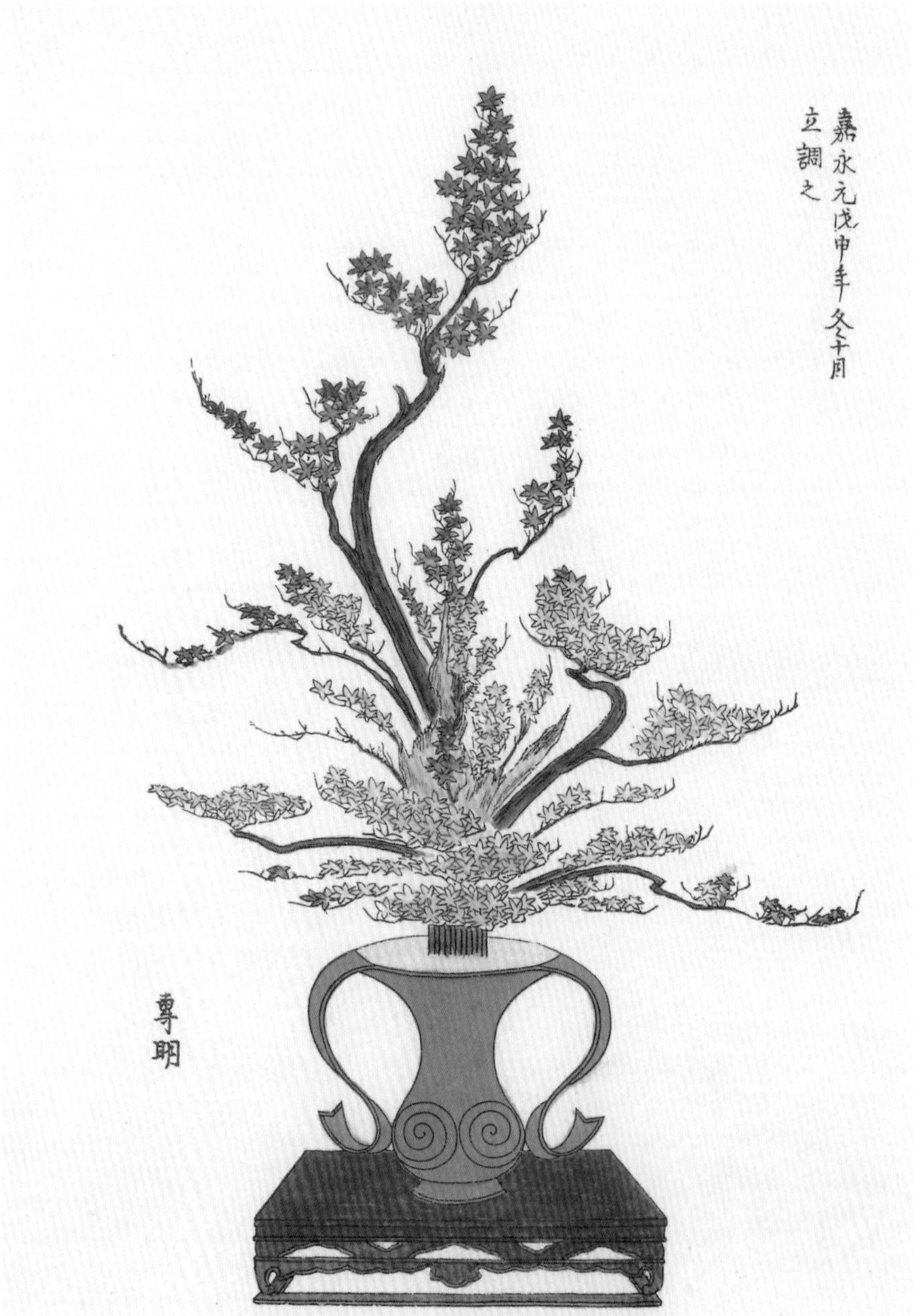


池坊専正により刊行された、池坊専明の作品図集。真と請に幹の太い枝を用い、中段中央に力強い曝木を入れることで、均衡の取れた姿を見せています。

## 《参考絵図》

『専正立生華集』

明治三十年（一八九七）刊

胴と請に使われた曝木の扱いが目を引く作品です。作品中央部分の色を控えめにすることで、他の役枝の紅葉の色彩が際立ちます。専明の作品（三十七ページ）同様、真・請・胴を力強くすることで、全体の均衡が保たれています。

## 《参考資料》

## 『華道家元華かゝみ　花心粧の巻』

明治三十七年（一九〇四）刊

家元代見であった武藤松庵の紅葉一色。「溪間ノ紅葉ヲ見テ受上リヲ挿」とあるよう、高請とした一枝と、真の出所を低くし、正真との間に大きな谷を作ることで、険しい渓谷の景色を見せています。内見越の枝にも緊張感が感じられます。

# 紅葉のはなし

●秋に赤や黄に色づく木々を総称して「紅葉《もみじ》」と言いますが、中でもかえでの類いが美しいため、かえで＝紅葉が定着しました。語源は、上代語の「紅葉する」という意味の「もみつ（紅葉つ）」とされています。

●紅葉の赤い色は、アントシアンという赤い色素によるものです。これは、葉が老化する過程で作られ、さらに葉に蓄積された糖類と結びつくことで、光の害から体を守るアントシアニンが生成されます。この老化に抗《あらが》う一枚の葉ごとに行われる化学反応が、一本の木、山の全体を真っ赤に染め上げるのです。

●『古今和歌集』に次の一首が収められています。

奥山に紅葉踏みわけ鳴く鹿の
声きく時ぞ秋は悲しき
猿丸太夫

（人里離れた奥深い山で、散り重なった紅葉を踏み分けながら雄鹿が雌恋しさに鳴いている。その鹿の声を聞くと、秋という季節はもの悲しいものだ）

取り合わせの良いものの例えとして使われる「紅葉に鹿」の由来は、この一首であるともいわれています。

●『仙伝抄』には「しゆつぢん（出陣）の花の事」の項に「椿、楓、つゝじ、其外しほれやすき草木をきらうべし」とあります。縁起を重んじる時代においては、場合によっては使うことが避けられました。

茶花においては、古くは『古田織部正殿聞書』に「松・竹・紅葉（中略）、何も花ニ不用」とあり、『千家流花乃秘書』にも「紅葉ハ興あり共古より好て入ル事なし」としていますが、やがて『茶席挿花集』の「染葉類」の項に「カエデ類、紅葉木」が挙げられ、『千家流伝集　千家生花秘伝書』には「紅葉ハ千家にてハ　春の紅葉を不用　秋ふかくして色付たる処を用ゆ」の記述が見られるようになります。

●紅葉といえば、もみじ饅頭を思い浮かべる方も多いでしょう。広島土産の定番でもあるこのお菓子は、明治三十九年（一九〇六）の考案で、当初の商標登録は「紅葉形焼饅頭」。その誕生に伊藤博文が関わったという説もあるようです。